楽しく学ぶ防災体験

いつやってくるかわからない災害に備えて、火の起こし方を覚えておいたり、常備食品で料理したりと擬似避難体験をしておくことは大切なことです。遠くに行かなくても、おうちキャンプなどをして、楽しみながら防災について話し合っておくといいですね。

けんちゃんハウス

災害時の技を学ぶ 防災キャンプ

福島民友新聞社（2021年8月22日）

福島市飯坂学習センター主催の「防災キャンプ」が開かれ、参加した児童たちは、炊飯体験や危険箇所確認のフィールドワークなど、災害時に役立つ知識や技術を体験しました。

起こした火で料理づくり

福島民友新聞社（2021年5月8日）

福島県会津自然の家での課外活動では、昔ながらの道具で火を起こしたあと、空き缶を使ってご飯をたいたり、袋でつくるスクランブルエッグなどの料理にチャレンジしました。

防災食のアイデア発表

福島民友新聞社（2021年10月8日）

福島県伊達郡川俣小学校の「総合的な学習の時間」の授業で、6年生の児童たち10人が地元の食材を使った「元気が出る防災食づくり」に取り組み、いろいろなアイデアを出し合いました。

つくって遊ぶ
かんたん
工作

避難所には、おもちゃもゲームもありません。そんな時、どこででも手に入る素材をちょっと工夫するだけで、みんなが遊べる楽しいおもちゃができます。チャレンジしてみましょう。

紙皿に色紙やシールをはって、自分だけの仮面が完成。リボンや毛糸をつけたらもっとおしゃれになりそうですね。

紙皿でへんしーん！

わたしはだれでしょう?

かわいい?

わたしのあおむしくん

絵本「はらぺこあおむし」を読んだあと、みんなで思いおもいのあおむしくんをつくってみました。

ふとっちょのぴんくむしくん

木工に挑戦

ロケットみたい

木片に色をぬってオリジナル積み木をつくっても楽しいね。

初めてのハサミ

♪チョウチョ

チョキチョキチョキ。まっすぐでもギザギザでも自由に切って、どんな形があらわれるかな。

もこもこちゃん

ふぅーーーっ

息を吹きこむとあら不思議。紙コップからビニール袋がむくむくと立ちあがってきます。

コラム　人形劇団が被災地訪問

福島民友新聞社（2015年9月22日）

札幌市の劇場「やまびこ座」と「こぐま座」で人形劇に取り組んでいる人たちが福島を訪れ、たくさんの観客の前でよく知られている「ジャックと豆の木」を公演し、みんなを元気づけました。

おいしい
かんたん
クッキング

おやつを自分でつくるのは、考えただけでも楽しくてうきうきしてきませんか？ お休みの日には、お友だちやおうちの人と一緒にスイーツづくりにチャレンジしてみましょう。

クレープづくり

おいしくなーれ。
おいしくなーれ

小麦粉を使って初めてのクレープづくりに挑戦。粉をふるいにかけるのは、ふっくらとおいしく仕上げるためです。

もちつき体験

杵って、けっこう重たいね

ぺったんぺったん。びよーんとのびて、おいしそう。

クレープ完成！

早く食べたいな

クリームや果物をトッピングして、自分だけのクレープのできあがり。

ひんやりみかんゼリー

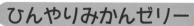

旗を立てたら完成！

さわやかな香りのみかんゼリー！ぷるぷるとした食感が楽しいですよ。

工夫して生活する
29のアイデア

遊びで防災体験

② サバイバルグッズ&クッキング

聖徳大学 教育学部
児童学科准教授　**神谷明宏**

いかだ社

工夫してサバイバルしよう

　大きな災害におそわれると、日常生活で何不自由なく利用していた電気やガス、水道が使えなくなる状況になります。それまでスーパーやコンビニエンスストアなどでかんたんに買えたものも手に入らなくなります。その上、避難所で生活することになると、そんなに多くのものを持ちこむこともできません。

　この巻では、過去に被災地や避難所でいろいろな人たちが考え、試したお役立ちグッズや技術などの知恵袋ともいうべきものをいくつか紹介します。

　また、手に入れやすい材料を使って短時間でつくれる人形も紹介しています。避難所には不安な気持ちで生活する多くの子どもやお年寄りもいます。人形は、初めて出会う人とのコミュニケーションを深める役割もしてくれますよ。

2022年　春　　　　　　　　　　　聖徳大学　神谷明宏

もくじ

ご飯をたいてみよう

アルミ缶で

ガスコンロがなくても、ビールなどの
アルミ缶を使ってご飯をたくことができます。
工夫しだいでたきこみご飯もできますよ。

【用意するもの】
ビールなどの空き缶（500mL）2つ　くぎ　金づち
アルミホイル　新聞紙　割りばし　米　水　缶切り　軍手

つくり方

① アルミ缶は2つとも缶切りで上
ぶたを切りとる。

② 1つのアルミ缶をくぎと金づちを
使って、絵のように穴を開けてた
き口をつくり、かまどにする。

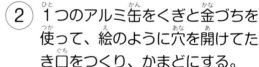

③ もう1つの缶にといだ米と同じ
分量の水を入れ、アルミホイル
でふたをする。
いっしょに具材を入れるとたき
こみご飯になる。

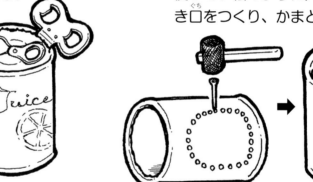

水を入れる時につくだ
煮を入れ、しょう油で
味つけすると、たきこ
みご飯になります。
いろいろな具材を入れ
て楽しんでね

④ ②（かまど）の上に③を乗せ、かまどのたき口にひねった新聞紙や割りばしを入れて火をつける。
30分ほどでご飯がたき上がる。

＼注意しよう／

● 缶は熱くなっているから、やけどをしないように気をつけよう。

耐熱性
ビニール袋で

● ご飯といっしょにレトルト食品も温められ、汁物のお湯もわかせるという、一石三鳥の調理法です。

【用意するもの】
耐熱性ビニール袋（ファスナー付きだと便利。ない場合は普通のポリ袋でもよい）
米　なべ　水　輪ゴム　卓上コンロ

つくり方

① ビニール袋にお米と同量の水を入れ、袋のなかの空気をぬいて、輪ゴムで口をしっかり閉じる。

② なべに水を入れ、ふっとうしたら、①を入れる。

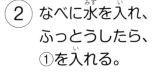

③ 強火で20分ほど煮ると、ご飯がたき上がるので、なべから出して、5分ほどむらす。

④ 熱いうちにご飯にふりかけなどの具をまぜて、味をつけるとさらにおいしく食べられる。

なべのお湯は捨てないで、みそ汁などに使うといいよ

うま、あち、
あち、うま、

紙袋で目玉焼き

フライパンがなくても紙袋があれば、
かんたんに目玉焼きがつくれます。

【用意するもの】
紙袋（ビニールコーティングしていないもの）　生卵　サラダ油
塩　こしょう　せんたくばさみ　割りばし　棒　はさみなど

つくり方

① 袋の底に少量の
サラダ油を入れ、
底全体に回す。

② ①のなかに卵を
割り入れる。

③ 袋の口を3～4回折り返し
て棒をはさみ、せんたくば
さみでとめる。
両手で棒を持って火に近
づけ、底にだけ火が当たる
ようにする。

④ 10分ほどしたら火から下ろし、袋
の底から5cmの部分で切り取り、
そのままお皿として使う。塩、こし
ょうで味つけする。

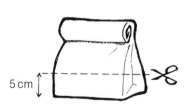

5cm

あまり火が強いと紙袋が燃えて
しまうよ。紙袋の底に火があた
る程度の火加減にするのがコツ

牛乳パックでホットドッグ

● 牛乳パックで、ちょっとおしゃれで、●
● 温かいホットドッグをつくりましょう。●

【用意するもの】
牛乳パック　アルミホイル　新聞紙　軍手　バターロール
とけるチーズ　レタス　ソーセージ　マッチ　など

つくり方

① 牛乳パックの
上ぶたと底の部
分を切り取る。

② バターロールのまん
中に切れ目を入れ、
ソーセージやレタス、
とけるチーズなどを
はさむ。

③ ②をアルミホイルでつ
つみ、さらにぬらした
新聞紙でつつむ。

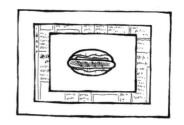

④ ①の中に③を2個入れて、両側
から火をつける。

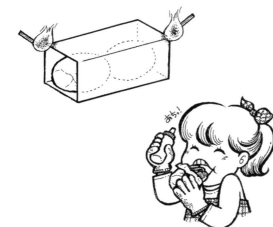

⑤ 牛乳パックが燃えつきたら、
新聞紙とアルミホイルをはがし、
温かいうちに食べる。
ケチャップなどをかけるとさら
においしくなる。

アルミホイルをはがす時、
熱いので軍手をしてね

画用紙のなべでみそ汁づくり

ほっかほかのご飯には、やっぱり
みそ汁が欲しいですね。
画用紙のなべでみそ汁をつくりましょう。

【用意するもの】
厚手の画用紙1枚　ホチキス　インスタントみそ汁　水

つくり方

① 厚手の画用紙を正方形に切り、絵のように折る。

② 折り返して、四隅をしっかりとホチキスでとめる。

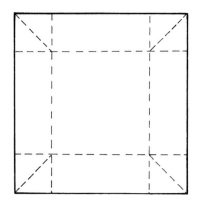

③ なべの8分目まで水を入れて火にかけ、ふっとうしたらインスタントみそ汁を入れる。

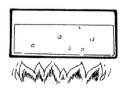

何で紙が燃えないのか
不思議だなぁ

なんでかなぁ。

牛乳パックのスプーン

食器はあっても意外と忘れがちな
はしやスプーン。牛乳パックで
スプーンをつくりましょう。

【用意するもの】
牛乳パック　アルミホイル　はさみ

つくり方

① 牛乳パックの長い辺の半分くらいのところから底に向けて、斜めにはさみで切りこむ。

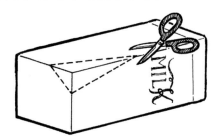

② 底の角の部分をスプーンのすくう形に整えるように切りとる。上手に切ると、牛乳パック１本からスプーンが４本切り出せる。

③ ②にアルミホイルを巻きつけて完成。

おいし〜！

アルミホイルを巻きつけてあるので、巻きかえれば何度も使えるよ

広告チラシの食器

お皿がなくてもちょっと厚手の
折りこみ広告があれば、
かんたんに食器がつくれます。

【用意するもの】
厚手の広告チラシ（A4大） ラップ

つくり方

① A4大の広告を半分に折って
もどす。

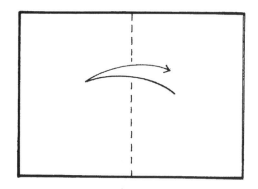

② 左右両側から中央の折り線に
合わせて折る。

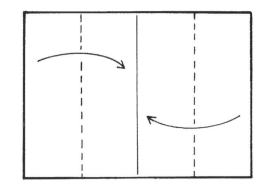

③ さらに半分に折って
もどす。

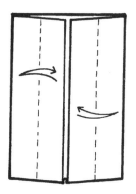

④ それぞれの角8か
所を三角に折る。

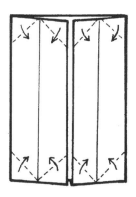

⑤ 上下を三角の底
辺にそって折る。

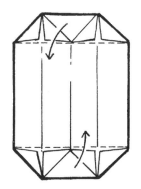

14

⑥ もう一度折りもどす。

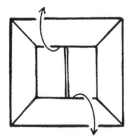

⑦ まん中から開くよう
に左右に折り返す。

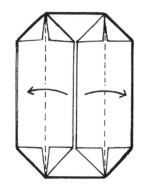

⑧ 上下は内側へ折
り起こし、左右は
外へ折り起こす。

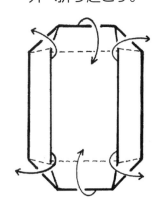

⑨ まん中を広げて四角い底をつく
って完成。

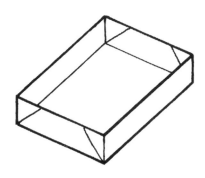

折り紙の三宝とちがって、角
が丈夫だから持ちやすいよ

⑩ お皿として使う時は、ラップで
おおって水気がもれないように
する。

＼注意しよう／

●薄い紙でつくると折れ
曲がってしまうから気
をつけよう。

牛乳パックのろうそく

牛乳パックでつくる
インスタントのろうそく。
明かりがあると人間は元気が出ますよね。

【用意するもの】
牛乳パック　はさみ　マッチ　定規など

つくり方

① 牛乳パックを
開く。

② 開いたパックに、5
mmから1cmくらい
の幅の印をつけていく。

③ 印にそって、はさみ
で輪切りにする。

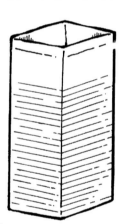

④ ③の一片を切り、短冊状にして、
火をつける。
1パックから30〜35本くらい
の細長いひも状のろうそくがで
きる。

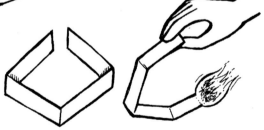

1本のろうそくで3分程度は
ともせるので、1パックで1
時間は十分に使えるよ

火を起こす時にも使え
るので、着火剤として
も利用価値が高いよ

風にも消えにくいろうそく

ろうそくの火は風に弱く、少しの風でも消えて
しまいますね。でもちょっと工夫をすれば
少しぐらいの風では消えない
ろうそくに変身します。

【用意するもの】
ろうそく（15号以上のもの）　新聞紙　割りばし　はさみ　マッチなど

つくり方

① ろうそくと同じ幅に新聞紙を切る。

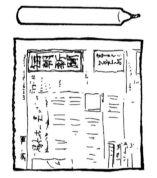

② ぬらした新聞紙を破れないように、ろうそくに巻きつけていく。

③ 4〜5回巻きつけたら、割りばしをさす。

④ ③を地面にさし、しっかり固定したら、ろうそくに火をつける。

⑤ 少しすると周りの新聞紙にも火がつき、ちょっとの風では消えない太い火になる。

火が新聞紙に燃え移るまで、見守っていてね

\注意しよう/

●中はろうが溶けて熱いのでさわらないようにしよう。

アルミ缶のランタン

ろうそく立てがない時、アルミ缶を使って、
おしゃれなランタンをつくりましょう。

【用意するもの】

アルミ缶　くぎ　金づち　アルミ缶が切れるはさみ
針金30cm　油性ペン

つくり方

① アルミ缶の底の
まん中にくぎを
打ちこむ。

② アルミ缶の横に、油
性ペンで、絵のよう
な線を書く。

2cm

3cm

③ はさみの先をさして穴を開け、
線にそって切り開く。

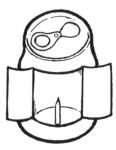

④ プルトップ側にくぎで穴を開け、
針金を通してつるせるようにす
る。
中のくぎにろうそくを立てて点
火すれば完成。

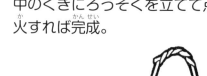
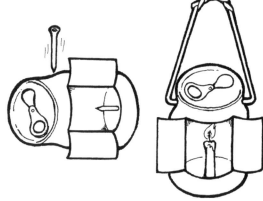

\注意しよう/

● 上部は熱くなるのでさわらな
いように注意しよう。

ツナ缶のランプ

ろうそくがすぐに見つからない時、
常備の缶詰がランプがわりになりますよ。

【用意するもの】
ツナ缶　くぎ　金づち　ティッシュペーパー

つくり方

(1) ツナ缶の上ぶたのまん中に金づ
ちとくぎで穴を開ける。

(2) ティッシュペーパーをねじって
よりひもをつくる。これが芯に
なる。

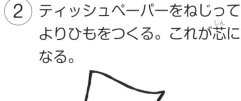

(4) 3分の2くらい入れ、外に出て
いるティッシュペーパーに油が
しみ出てきたら、火をつける。

(3) 缶に開けた穴にひもを押
しこんでいく。

30分くらいは
ともっているよ

フローティングキャンドル

ろうそくがない時、ジャムなどの広口びんを
利用して、おしゃれなキャンドルを
つくってみましょう。

【用意するもの】
広口びん　アルミホイル　サラダ油　ティッシュペーパー
マッチ　水

つくり方

① アルミホイルを折り曲げ、まん
中をへこませて、絵のようなフ
ロートをつくる。

② 固くよって芯にしたティッシュ
ペーパーを、くぼみに立てる。

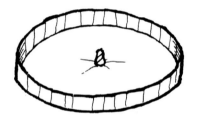

④ フロートにサラダ油を注ぎ、火
をつける。

③ 広口びんに半分くらい水を入れ、
②のフロートを浮かべる。

サラダ油が少なくなったら、たしてい
けばいつまでも使うことができるよ

20

キッチンペーパーの
インスタントマスク

マスクが手に入らない時、
キッチンペーパーと輪ゴムがあれば、
かんたんなマスクがつくれます。

【用意するもの】

キッチンペーパー（1カット分1枚）
輪ゴム3〜4個（自分の顔に合わせて調整する）　ホチキス

つくり方

① キッチンペーパーを、1.5cm
幅で谷折り山折りをくりかえし
て折り、重ねてたばねる。

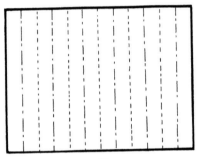

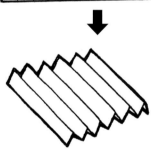

② 両はしを2cmくらい折り、輪
ゴムをかけてホチキスでとめる。

③ 自分の顔の大きさに合わせて輪
ゴムをつなげる。

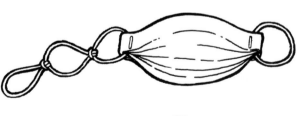

＼注意しよう／

● ホチキスの針の先端が顔に当た
らないようにしよう。

ラップの包帯とレジ袋の三角巾

切り傷や骨折の疑いがあるけがをした時、
ラップとレジ袋で応急手当てができます。
覚えておくと安心ですね。

【用意するもの】
ラップ　レジ袋　新聞紙　はさみ　ハンカチ　など

方法

① 傷口を清潔なハンカチなどで保
　護し、上からラップでしっかり
　巻いて絵のように固定する。

② 骨折の疑いがある時は、そえ木
　代わりに新聞紙を固く折りたた
　み、絵のように固定する。その
　上からラップをしっかりと巻く。

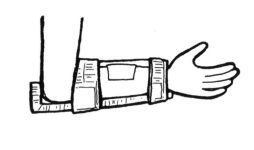

③ レジ袋の両サイドを切り、腕
　を通して首にかけ、腕が下が
　らないように首の後ろで結ぶ。

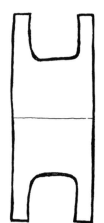

水平より少し高めに
吊るといいよ

むーと… つぎは…

22

新聞紙の即席防寒着

気温が急に下がった時など、
丸めた新聞紙が防寒に役立ちます。

【用意するもの】
新聞紙　ガムテープ

つくり方

① くしゃくしゃにした新聞紙を体に巻きつけて、ガムテープですり落ちないようにとめる。

② かるく丸めた新聞紙にガムテープをつけて、体に巻いた新聞紙にはりつけていく。
すき間なくはりつけるのがポイント。

③ 上から、Tシャツやトレーナーを着る。
着ぶくれして、ちょっとかっこう悪いけど、かなり暖かい。

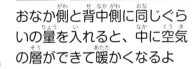

おなか側と背中側に同じぐらいの量を入れると、中に空気の層ができて暖かくなるよ

キャンディ寝袋

● ● ● ● 毛布だけで寝るよりずっと暖かい寝袋です。
体温を逃がさないうえに、
寝相が悪くても安心。

【用意するもの】
ブルーシート（身長より1.5倍くらい長いもの）
荷づくりひも２本（１本50cm）　新聞紙　タオルケットや毛布

つくり方

① ブルーシートに寝ころび、足元と頭の上に油性ペンで印をつける。

② ブルーシートの上にタオルケットや毛布をしいて、

③ ブルーシートを重ね合わせ、つけた印の部分をひもでしばる。

④ 丸めた新聞紙を③に入れてさらに空間を広げると、より暖かく寝られる。

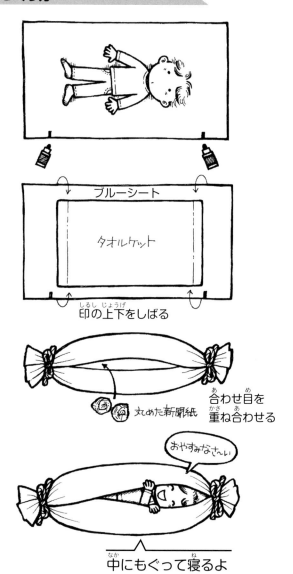

ブルーシート

タオルケット

印の上下をしばる

丸めた新聞紙

合わせ目を
重ね合わせる

おやすみなさ〜い

中にもぐって寝るよ

ペットボトルシャワー

● 少ない水での食器洗いなどに役立ちます。
● もちろんシャワートイレの代わりや
● 手洗いにも使えますよ。

【用意するもの】
やわらかいペットボトル（500mL）　キリ　軍手　油性ペン

つくり方

①　ペットボトルのふたに
キリで穴を開ける。

油性ペンで印を
つけるとよい

上から見ると

②　穴が開いたらいったんふた
をして、本体に絵を書く。

③　ふたをはずして水を入れ、
指で押して水がよく出るか
ためしてみる。
うまく水が出たら完成！

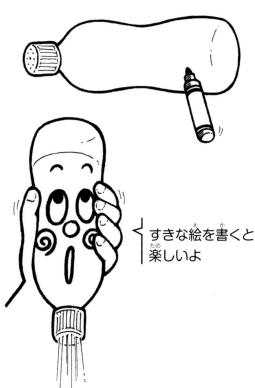

すきな絵を書くと
楽しいよ

25

ペットボトルとダンボール箱のテーブル

避難所では床の敷物の上で生活することが
多くなりますが、食事はテーブルの上で
食べたいですね。ダンボールで
低いテーブルをつくっておくと便利です。

【用意するもの】
同じ形の2Lのペットボトル10本　ダンボール箱　ガムテープ　小石

つくり方

① 空のペットボトルを2本用意し、1本に半分ほど小石をつめる。もう1本は、底の部分を切り取る。

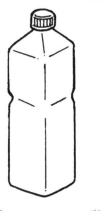

② 絵のように2本を重ね合わせ、つなぎ目をガムテープでしっかりとめる。
同じものを5本つくる。

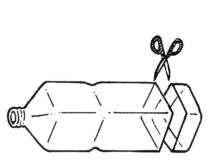

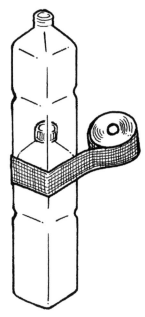

③ ダンボール箱を切り開いて半分に折り、重ね合わせてガムテープではり合わせる。

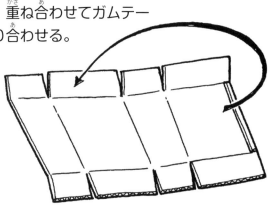

④ ③の四隅とまん中にペットボトルの先端をさしこむ穴を開ける。

⑤ ペットボトルの先端をさしこみ、絵のようにガムテープで固定する。

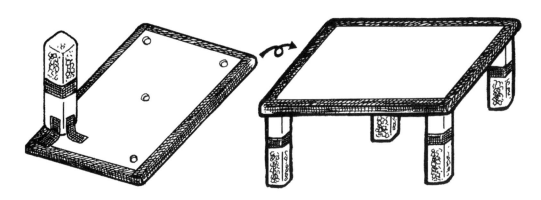

ダンボールの
インスタントスリッパ

避難所などで活用できるダンボールのスリッパ。
かんたんにつくれて、意外と丈夫です。

【用意するもの】
ダンボール（自分の足に合った大きさのもの）　ガムテープ
カッター　あれば三角巾

つくり方

① ダンボールの紙目と垂直になるように
足を乗せ、足の大きさに合わせて絵の
ように十字形に切る。

② まず、前側を折り曲げ、足
の幅に合わせて両側を折り
曲げる。

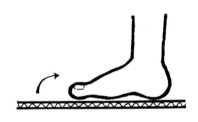

③ ガムテープを前側のダンボールの内側
にはり、重なっている上側のダンボー
ルまでまわしてはりつける。

④ 最初のガムテープに重ねる
ように、十字にガムテープ
をはる。

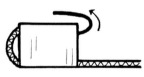

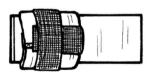

三角巾で

三角巾があれば、絵のようにつつみこむと、
長持ちして、すべり止めにもなる。

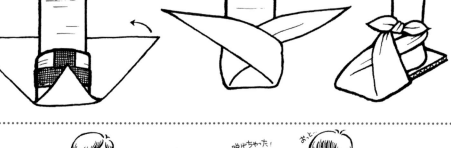

COLUMN
コラム　ダンボールミニ知識

身近にあり、軽くて丈夫なダンボールは、工作にはかかせない素材の1つですね。ポイントをおさえて、作品づくりをしてみましょう。

【種類】

〰〰〰〰　シングルダンボール（一般的なダンボール）

〰〰〰〰　ダブルダンボール（丈夫なダンボール）

〰〰〰〰　片面ダンボール（工作には不向き）

【折り方】

すじをつけ、おさえてへこます。

このように曲げる。

【はりつけ方】

ヘラを使って2本すじをつける。

木工用ボンドではり合わせ、2、3時間そのままにしておく。

【強度を強めたい時】

ダンボールのたて目と横目を重ねてはり合わせる。

冷えない
ダンボール箱ベッド

避難所での冷えの対策に最適。
時間をかけず、かんたんに子ども用の
ベッドをつくりましょう。

【用意するもの】
ミカンかリンゴのダンボール箱6〜8箱　カッター　ガムテープ

つくり方

① ダンボール箱が開かないように裏表をガムテープでしっかりとめる。

② 身長に合わせた個数をならべ、すき間のないようにガムテープではり合わせる。

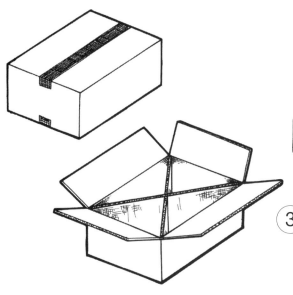

③ 開いたダンボールをふとんがわりに上にしく。

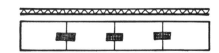

＊強度を高める場合は、箱の中に対角線上にX型に組んだ筋交い（構造を補強する部材）を入れるとよい。

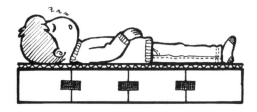

床面から高さがあって、冷えが直接伝わらないから暖かく感じられるよ

ダンボール箱の
ミノムシハウス

箱をつなぎ合わせてつつ状の家をつくれば、
自分だけのスペースができます。

【用意するもの】
同じ大きさのダンボール箱数個　ガムテープ

つくり方

① つつ状にしたダンボール箱を絵のよ
うにガムテープでつなぎ合わせる。
最後の箱は、底を残しておく。

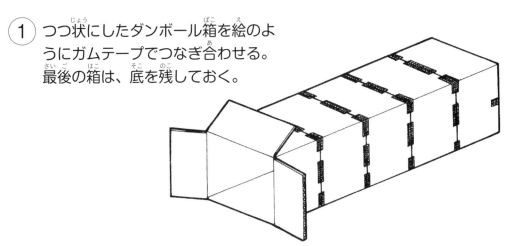

② 自分の身長の長さまでつなぎ、足
からゆっくり奥へ入るようにする。

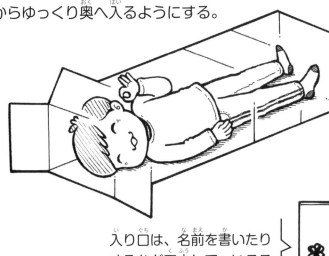

入り口は、名前を書いたり
するなど工夫して、いごこ
ちのよい家にしよう

ダンボール箱の簡易トイレ

避難所では、トイレに行きたくても、
ついついがまんをしてしまうことがあるかも
しれません。そんな時に、
自分専用トイレがあると便利ですね。

【用意するもの】
大きさの異なるミカン箱くらいのダンボール箱2個　ダンボール
紙おむつ　ビニール袋（あれば、高分子吸収ポリマーとセットに
なったビニール袋）　新聞紙　ガムテープ　カッター

つくり方

① 高さがほぼ同じ大小のダンボール箱を用意する。高さが合わない場合は、外側のダンボール箱の上部を切ってそろえる。

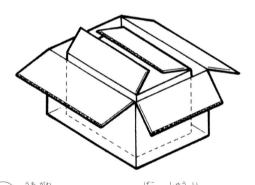

② 内側のダンボール箱を絵のように組み合わせる。

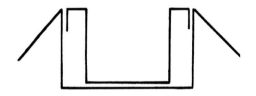

③ 内側のダンボール箱の周囲に、固く丸めた新聞紙をガムテープではりつける。

④ できあがった小さいダンボール箱を大きいダンボール箱の中に入れる。

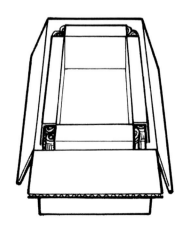

⑤ 大小のダンボール箱の高さ
を合わせてふたをし、ふた
のまん中を丸く切りとる。

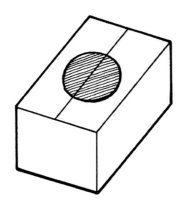

⑥ 開けた穴から、小さなダンボール箱
の中にビニール袋を広げ、ガムテー
プでとめる。

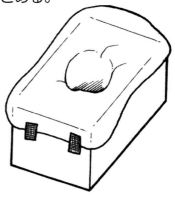

＊この時、ビニール袋の中に小
さく切った新聞紙や開いた紙
おむつなどを入れる。

⑦ ダンボールをふたの大きさに切
り、ガムテープではりつける。

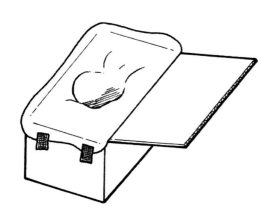

MEMO

●被災地ではトイレをがまんして
膀胱炎になったり、水分をとら
ないで脱水症状になるなど体
調をくずす人が多くいました。
避難所でも自宅でも、健康を守
るためにもトイレをがまんしな
いようにしましょう。

ビニール袋のレイングッズ

突然の雨。かさがなくても大きなビニール袋
さえあれば体をぬらさないですみますね。
かんたんレイングッズをつくりましょう。

【用意するもの】
75Lのビニール袋2枚（レインコート用）　40Lのビニール袋1枚（ハット用）
レジ袋（レインブーツ用）　油性ペン　はさみ　太い輪ゴム　ガムテープ

つくり方

レインコート

① ビニール袋（75Lの大袋）の上に寝ころび、頭と両腕が出る部分に油性ペンで印をつける。

② つけた印の部分を切り取る。

③ 体の大きな人は、ズボンやスカートがぬれないように、スカート部分もつくってもいい。

油性ペンで絵を書くとおしゃれよ

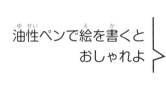

レインハット

① いつも使っている通学用の帽子に絵のようにビニール袋をかぶせ、袋の両わきに切れこみをいれる。

② つばのあるほうを帽子の中に入れ、ガムテープでとめる。

③ 後ろと両わきをたらす。

レインブーツ

① レジ袋をくつをおおうようにはく。

② ひざ下、くるぶし、甲の部分をガムテープで巻いてしっかりとめる。

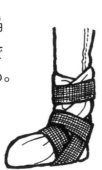

COLUMN

コラム　懐中電灯で部屋全体を明るく照らす方法

懐中電灯の正面は明るくなりますが、周囲はなかなか明るくはなりませんね。でもちょっとした工夫で部屋中が明るくなります。

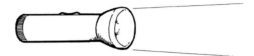

【用意するもの】
懐中電灯　水の入ったペットボトル、または白いポリ袋（レジ袋でもよい）

つくり方

① 　懐中電灯を上向きに立てる。
　懐中電灯が不安定でうまく立たない時は、コップの中に懐中電灯を入れ、上向きになるようにすると倒れない。

② 　上のレンズ部分に水の入ったペットボトルを立てる。

③ 　ペットボトルがなければ、白いポリ袋を広げるようにかぶせ、根元をしばってもよい。

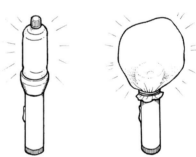

折り紙のペンギン指人形

◆◆ 折り紙でかんたんにつくれる指人形です。 ◆◆

【用意するもの】
折り紙（大人用は15cm×15cm、幼児用は12cm×12cm）
サインペン

つくり方

① 折り紙を三角に折る。

② 三角形の底辺を三等分して折り下げる
（反対側も同様に）。

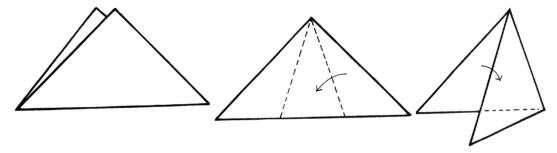

③ 三角に飛び出た部分を折り上げる。

④ 頭を折り下げて顔にする。

うらがえす

⑤ 顔を書いて完成。

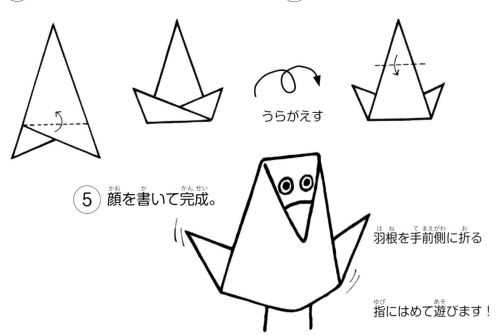

羽根を手前側に折る

指にはめて遊びます！

37

ふうとうでつくる動物人形

◆◆◆ 手の動かし方しだいで
いろいろな表情が出てきて楽しいよ。 ◆◆◆

【用意するもの】
長形3号ふうとう　サインペン　えんぴつ　のり　はさみ

つくり方

① ふうとうを逆さにして、上に手を置き、親指と小指の位置をえんぴつで書く。

② えんぴつで書いた半円形の部分と、ふうとうのフタの部分を切り取る。

③ 切り取った部分を使って、動物の耳にし、のりではりつける。

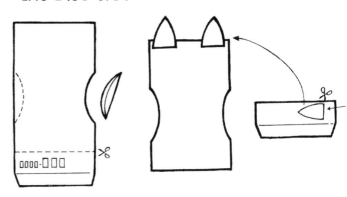

④ サインペンで目・鼻・口を書いて完成。

朝ごはん
たべた？

38

紙コップ人形

◆ コップの中に手を入れて相手に話しかける
◆ ように動かしましょう。手足がゆらゆらと
◆ かわいらしいですよ。

【用意するもの】
紙コップ（大きいサイズのもの）　折り紙　画用紙くらいの厚さの紙（1cm幅
くらいに細長く切りテープ状にする）　両面テープ　ボンド　油性ペン

つくり方

① 人形の本体をつくる。紙コップ
に油性ペンや折り紙を使って人
形の顔を書く。

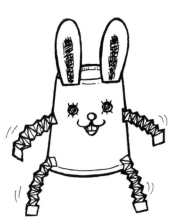

② 紙テープ状にした2本の紙を絵
のように交互に織りこんで、ジ
ャバラ状のひもを4本つくる。
（手足になる）

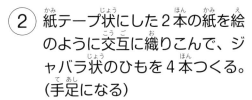

③ ①の手と足の位置に、②を両面
テープやボンドではりつけ、折
り紙の耳をはりつける。

39

紙コップのパクパク人形

 手ではさむようにして、
パクパクさせて遊びます。

【用意するもの】
紙コップ　折り紙　ボンド　はさみ　ホチキス　輪ゴム

つくり方

① 紙コップを絵のようにはさみで切る。反対
側も同じように切って開く。

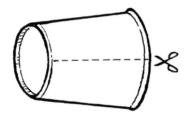 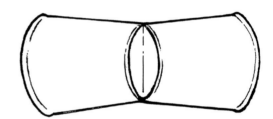

② 片側を切り取り、半円形にする。

③ 半円形の部分に顔を書く。

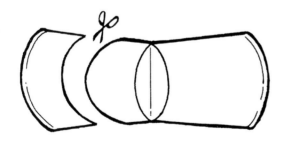 

④ 切り取って使わない部分で耳や歯をつくる。

⑤ 耳や歯をホチキスでとめる。

⑥ 折り紙で服をつくって本体にはりつける。裏側に輪ゴムを通す。

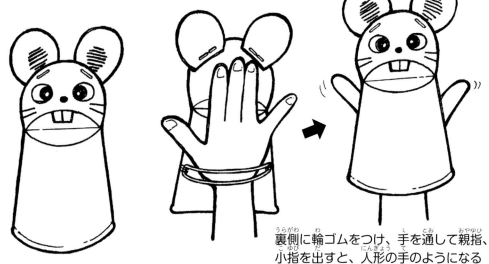

裏側に輪ゴムをつけ、手を通して親指、小指を出すと、人形の手のようになる

くつしたのヘビ人形

◆ 手にはめ、クネクネさせながら
◆ 話しかけてみましょう。

【用意するもの】
ふくらはぎの中ほどまでの長さのくつした　赤色と黒色のフェルト
（市販されている裏が接着テープになっているものが便利）
直　径1cmくらいの毛糸玉
厚手の画用紙　ボンド（あれば布用ボンド）　両面テープ

つくり方

① くつしたに手を入れ、足底の大きさに赤いフェルトと厚手の画用紙を切りぬく。

② 切りぬいたフェルトをくつしたの足底部分にはりつける。

半分に折ると、赤い
部分が口になる

③ 毛糸玉に黒の目玉をボンドではりつけて、かわかす。

毛糸玉に丸く切った黒い
フェルトをはりつける

2つつくる

④ くつしたの中に厚紙を入れ、手を入れて半折りにする。

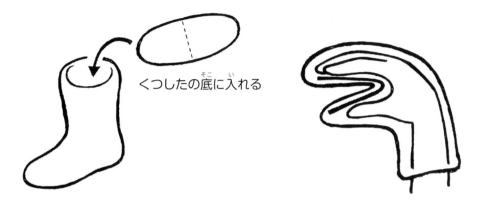

くつしたの底に入れる

⑤ 手の甲にくる部分に、かわかした
目玉を両面テープではりつける。

カラー軍手の目玉人形

◆ 語りかけてくるような、
◆ ぱっちり目玉のチャーミングな人形です。

【用意するもの】
カラー軍手　アルミホイル　うすい紙　ヘアゴム（長さ10cmくらい）
千枚通しかキリ　油性ペンなど　両面テープ

つくり方

① アルミホイルを丸めて直径
　4cmくらいの玉を2つつ
　くる。

② 玉の中心に千枚通しかキリで穴を開け、ヘアゴムを通す。

③ 2つの玉を通したら、黒くぬっ
　たうすい紙（黒い紙でもいい）
　を丸く切り、両面テープではり
　つけて目玉をつくる。

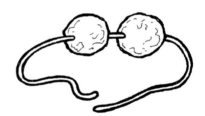

44

④ ヘアゴムの長さを自分の指の長さに合わせて結んで輪にする。

⑤ 軍手をはめて④をつける。

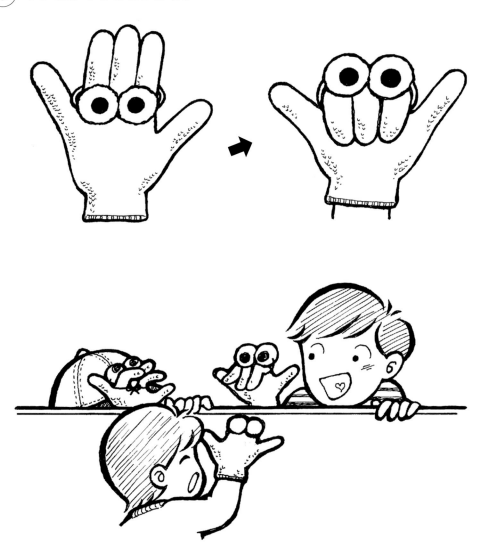

カラー軍手のフラダンス人形

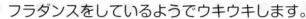

◆ いくつかつくり、指にはめてゆらすと、
フラダンスをしているようでウキウキします。

【用意するもの】
カラー軍手　ボンド（あれば布用ボンド）　カラー毛糸
フェルト　もめん糸（黒・赤）　はさみ

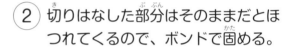

つくり方

① 軍手の指の部分をはさみで切りはなす。

② 切りはなした部分はそのままだとほつれてくるので、ボンドで固める。

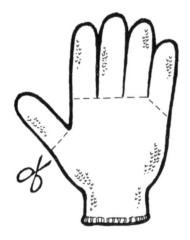

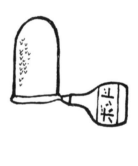

③ ボンドがかわいたら、顔になる部分に黒い糸を玉止めして目玉にする。赤い色を×印にして口をつくる。

④ 毛糸を適当な長さに切り、体の部分に絵の
ようにボンドではりつけ、腰みのにする。

フェルトの耳をボンドではる

腰みのをボンド
ではる

糸をかけていく

好きな歌をうたいながら
人形にダンスさせましょう

MEMO ミニお役立ちメモ

●もりあがる演出のポイント●

物語や脚本がなくても、人形を持って、大人も子
どももよく知っている曲に合わせて行進したり、
踊ったりするだけで楽しさ倍増。みんなで一体と
なって楽しめますよ。
　　　＊こんな歌がぴったり！
「さんぽ（となりのトトロ）」、「南の島のハメハメ
ハ大王」、「キラキラ星」、「ハッピーバースデーソ
ング」など。

本書は、2022年3月小社より刊行された『いざ！に備える 遊びで防災体験BOOK』に
加筆し、図書館版として3冊に再構成、改題したものです。

●プロフィール●

神谷明宏（かみや　あきひろ）

聖徳大学教育学部児童学科准教授。東京・青山にあった「国立こどもの城」のプレイ事業部長として、児童館・放課後児童クラブ指導員に遊びのモデルプログラムの開発・研修を担当。現在は大学で教鞭を執るほか、こども環境学会副会長、NPO法人札幌市コミュニティーワーク研究実践センター理事、東京YWCA青少年育成事業部会委員、松戸市子ども子育て委員会委員・社会教育委員・松戸市協働のまちづくり協議会委員として幅広く活動する。
【主な著書】
『わくわくドキドキあそびランド』（共著・小学館）、『0～3歳の親子あそび　ゆうゆう子育て』（共著・全国母子保健センター連合会）『子ども会ステップアップフォージュニアリーダース』（共著・全国子ども会連合会）、『子ども会ステップアップフォー集団指導者』（共著・全国子ども会連合会）、『活動意欲を高めるダイナミック野外遊び』（共著・フレーベル館）、『冒険心はじけるキャンプ-グループワークを生かした新しい野外活動-』（あすなろ書房）、『ふくしまっこ遊び力育成プログラム』（こども環境学会）、『できる！たのしむ！むかしのあそび全6巻』（小峰書店）など。

写真●福島民友新聞社／プランニング開・アトリエ自遊楽校
イラスト●和気瑞江　イラスト協力●種田瑞子
編集●内田直子　本文DTP●渡辺美知子

●【図書館版】遊びで防災体験 ②サバイバルグッズ＆クッキング

2022年4月1日　第1刷発行

著　者●神谷明宏
発行人●新沼光太郎
発行所●株式会社いかだ社
　　　　〒102-0072東京都千代田区飯田橋2-4-10加島ビル
　　　　Tel.03-3234-5365　Fax.03-3234-5308
　　　　E-mail　info@ikadasha.jp
　　　　ホームページURL　http://www.ikadasha.jp/
　　　　振替・00130-2-572993
印刷・製本　モリモト印刷株式会社

乱丁・落丁の場合はお取り換えいたします。
©Akihiro KAMIYA, 2022
Printed in Japan
ISBN978-4-87051-571-0